バーの主人が
こっそり教える
おつまみサンド

ROCK FISH
BAR

銀座・ロックフィッシュ

間口一就

柴田書店

おつまみ
サンド
あります♡

ROCK
FISH

はじめに

簡単がいちばん。

いつも考えています。店（ロックフィッシュ）でも新しいサンドウィッチがたくさん生まれています。

普通のサンドウィッチというより、簡単で、少し面白くて、おつまみになるもの。え？　それおいしいの？　みたいなものをつくっています。なんでこの組合せ？　とよく聞かれますが、いつも答えに窮してしまい、なかなか言葉が出てきません。ひとつあるとしたら、楽しんでもらいたいという気持です。

朝昼晩、会社のお昼休み、行楽レジャーなど、食する機会の多いサンドウィッチ。はさむ食材もアッパーなものから庶民的なものまであります。レシピ本もたくさん出ています。

この本は、ちょっと驚いて楽しんでもらえたり、おいしくて笑ってもらえるとうれしいなあと思いながらつくりました。"ハレの日"でもなく"ケの日"でもない、その中間の日にお酒を飲みながら食べてもらいたく。でも手間はかけずに楽ちんに。コツはちょっとだけ。

まずは、パンにバターやマスカルポーネチーズ、白味噌やピーナッツバターをぬってみましょう。それに、あとひとつ手元にある食材をはさむだけで、レベルがぐっと上がります。フィリング用に食材を慌てて買い足さなくてもいいんです。前日に残しておいたハムとか唐揚げとか、すき焼きのお肉とか酢豚とか。あと、いただきものの練りものやお漬けもの。まだまだありますよ、お饅頭にきんつば、羊羹……あまたある食材を考えるだけでときめきます。理屈なしではさみましょう。

最初は気合が入るから、リッチなサンドウィッチをつくりがち。でも、手間をかけてつくるのは、やっぱり煩わしい。だから、つくる回数が減ったり、まったくつくらなくなるものです。それではもったいないですよ。

気張らずに、簡素な具材でもいいので、何回もはさんでみましょう。チャレンジしたぶんだけ確実に上手になります。

2種類の食材をはさむことを意識するだけでも、できが違ってきます。バターとコショウからはじめましょう。

やっぱり簡単がいちばん。

「ロックフィッシュ」　間口一就

contents

はじめに P.2
材料別索引 P.6
おいしいサンドウィッチの
　　　　ちょっとしたコツ P.10
本書を使う前に P.14

パンを焼いてはさむ＆のせて焼く

1 シンプルつまみ、基本の「き」
ピーナッツバターサンド P.16
ポテトサンド P.16
サーモンリエットサンド P.16
カレンズウォッシュ P.18
みょうがバター P.19
かにかまサンド P.20

2 便利なポテサラ、いろんなマッシュ
芋団子 P.21
赤ポテサンド P.22
さつまいもとウォッシュ
　　　　チーズ（ホットサンド） P.23
かぼちゃとブルーチーズ P.24
いくらとポテサラ P.25

3 缶詰を活用しよう！
コンビーフサンド P.26
きゅうりとコンビーフ P.28
オイルサーディンとペコロス P.29
ツナ缶香辣醤 P.30
鯖味噌サワークリーム P.31
サーディンサンド P.32
紅鮭缶リエット P.33
ますじゃがサンド P.33
鮭缶オムレツ P.34

4 漬けものでサンドウィッチ
白菜漬けカマンベール P.36
味たまと漬けもの P.37
スモークサーモンと高菜漬け P.38
紅大根漬けとチーズ P.39
にしん菜の花漬け P.40
福神漬け玉子焼き P.41
キムチーズサンド P.42
キムチとくるみ P.43

5 甘い!? 甘じょっぱい!?
チョコサンド P.46
羊羹サンド P.46
柚子ジャムとクリームチーズ P.47
マロンとリエット P.47
ガラムマサラとクランベリー P.48
パンコンマーマレード P.49
ピーナッツバターとベーコン P.50
ベーコンチーズ P.51

6 ハム・ソーセージ＆チーズを使って
生ハムとカマンベール P.52
ピザトースト P.53
チーズとでかハム P.54
パンチェッタとウォッシュチーズ P.54

ドイツパンでホットドッグ　P.55
ホットドッグ　P.55
コンテとキャラウェイ　P.56
カニクリームグラタン　P.57

7 野菜を焼く、魚をたたく etc.
ねぎ味噌　P.58
ねぎ焼きトマトサンド　P.59
マカロニナポリタンパン　P.60
はんぺん辛子味噌　P.61
スモークサーモンなめろう　P.62
鯵なめろうと三つ葉　P.63

8 仕込みが大切！お肉のサンド
キーマサンド　P.64
三枚肉サンド　P.65
沖縄豚の焼肉サンド　P.66
豚バラししとうゴマ炒め　P.67
チキンクリームシチュー　P.68
鶏ささみと梅肉　P.69

パンを焼かずにはさむ

1 シンプルつまみ、基本の「き」
干し杏と生ハムと
　　　クリームチーズ　P.72
プロセスチーズと塩ウニと
　　　マヨネーズ　P.73
アンチョビバター　P.73

2 便利なマッシュポテト
マッシュポテトと塩昆布　P.74

ポテサラピザソース　P.75

3 使えます！和の素材
アボカドと白味噌　P.76
バナナとクルミと白味噌　P.76
シェーブルチーズとおかか醤油　P.77
ピーマン塩漬けとバター　P.77
カリカリしらすと梅肉　P.78
酒盗玉子焼き　P.79

4 缶詰を活用しよう！
ミックスビーンズとたくあん炒め　P.80
スパムと玉子と海苔　P.81
コンビーフの佃煮　P.82
牛大和煮とパクチーと赤ピーマン　P.83

5 漬けものでサンドウィッチ
白菜漬けと生ハムとごま油太香　P.84
茄子浅漬けとチーズ　P.85

6 市販のそうざいでアレンジ
きんぴら目玉焼き　P.86
白花豆とブルーチーズ　P.88
高菜油炒めと明太子　P.89
菜の花フリットとすぐき　P.90
コロッケピザソース　P.91
ヤリイカフリット刻み柴漬け　P.92
小鯵の南蛮漬けのバゲットサンド　P.93
ゆで玉子と市販チャーシュー　P.94

撮影　天方晴子　/　デザイン　近藤正哉・両澤絵里（KINGCON DESIGN）　/　編集　吉田直人

材料別索引
※五十音順

＜あ＞

鯵
鯵なめろうと三つ葉　P.63

味つけ玉子 → 卵

アスパラガス
鶏ささみと梅肉　P.69

アボカド
アボカドと白味噌　P.76

アンチョビ
アンチョビバター　P.73

イクラの醤油漬け
いくらとポテサラ　P.25

イチゴジャム
ベーコンチーズ　P.51

田舎味噌
鯖味噌サワークリーム　P.31
鮭缶オムレツ　P.34
ねぎ味噌　P.58
ねぎ焼きトマトサンド　P.59
スモークサーモン
　　　　なめろう　P.62
鯵なめろうと三つ葉　P.63

ウインナー
ドイツパンで
　　　ホットドッグ　P.55
ホットドッグ　P.55
コンテとキャラウェイ　P.56

梅干し
鶏ささみと梅肉　P.69
カリカリしらすと梅肉　P.78

大葉
スモークサーモン
　　　　なめろう　P.62
カリカリしらすと梅肉　P.78

＜か＞

カツオ節
シェーブルチーズと
　　　　おかか醤油　P.77

ガトーショコラ
チョコサンド　P.46

カニかま
かにかまサンド　P.20

カボチャ
かぼちゃとブルーチーズ　P.24

ガラムマサラ
ガラムマサラと
　　クランベリー　P.48

ホットドッグ　P.55

カレー粉
かにかまサンド　P.20
キーマサンド　P.64

缶詰
【オイルサーディン】
オイルサーディンと
　　　　ペコロス　P.29
サーディンサンド　P.32
【牛大和煮】
牛大和煮とパクチーと
　　　　赤ピーマン　P.83
【コンビーフ】
コンビーフサンド　P.26
きゅうりとコンビーフ　P.28
コンビーフの佃煮　P.82
【鮭水煮】
鮭缶オムレツ　P.34
【鯖味噌煮】
鯖味噌サワークリーム　P.31
【スパム】
スパムと玉子と海苔　P.81
【ツナ】
ツナ缶香辣醬　P.30
【紅鮭水煮】
紅鮭缶リエット　P.33
【鱒水煮】
ますじゃがサンド　P.33
【ミックスビーンズ】
ミックスビーンズと
　　　たくあん炒め　P.80

キャベツ
ホットドッグ　P.55

キャラウェイシード
コンテとキャラウェイ　P.56

キュウリ
きゅうりとコンビーフ　P.28

クルミ
キムチとくるみ　P.43
バナナとクルミと
　　　　白味噌　P.76

黒オリーブ
オイルサーディンと
　　　　ペコロス　P.29
ピザトースト　P.53

黒コショウ
カレンズウォッシュ　P.18
コンビーフサンド　P.26
きゅうりとコンビーフ　P.28
オイルサーディンと
　　　　ペコロス　P.29

紅鮭缶リエット　P.33
キムチとくるみ　P.43
柚子ジャムと
　　クリームチーズ　P.47
ガラムマサラと
　　クランベリー　P.48
パンコンマーマレード　P.49
ピーナッツバターと
　　　　ベーコン　P.50
生ハムとカマンベール　P.52
ピザトースト　P.53
ドイツパンで
　　ホットドッグ　P.55
三枚肉サンド　P.65
沖縄豚の焼肉サンド　P.66
チキンクリーム
　　　　シチュー　P.68
プロセスチーズと塩ウニ
　　　　とマヨネーズ　P.73
マッシュポテトと塩昆布　P.74
アボカドと白味噌　P.76
ミックスビーンズと
　　　たくあん炒め　P.80
コンビーフの佃煮　P.82
茄子浅漬けとチーズ　P.85
ゆで玉子と
　　市販チャーシュー　P.94

ケチャップ
コンビーフサンド　P.26
きゅうりとコンビーフ　P.28
ホットドッグ　P.55
カニクリームグラタン　P.57
キーマサンド　P.64

五香粉
三枚肉サンド　P.65

コチジャン
かにかまサンド　P.20

ゴマ油
鮭缶オムレツ　P.34
にしん菜の花漬け　P.40
福神漬け玉子焼き　P.41
ねぎ味噌　P.58
ねぎ焼きトマトサンド　P.59
マカロニナポリタンパン　P.60
はんぺん辛子味噌　P.61
豚バラししとうゴマ炒め　P.67
チキンクリーム
　　　　シチュー　P.68
酒盗玉子焼き　P.79
ミックスビーンズと
　　　たくあん炒め　P.80

白菜漬けと生ハムと
　　　　ごま油太香　P.84
きんぴら目玉焼き　P.86
菜の花フリットとすぐき　P.90
小鰺の南蛮漬けの
　　　　バケットサンド　P.93

＜さ＞

サツマイモ
芋団子　P.21
さつまいもとウォッシュ
　　　チーズ（ホットサンド）　P.23
サラミ
ピザトースト　P.53
サワークリーム
サーモンリエットサンド　P.16
鯖味噌サワークリーム　P.31
ますじゃがサンド　P.33
スモークサーモンと
　　　　　　高菜漬け　P.38
にしん菜の花漬け　P.40
パンチェッタと
　　　　ウォッシュチーズ　P.54
アボカドと白味噌　P.76
バナナとクルミと白味噌　P.76
高菜油炒めと明太子　P.89
塩ウニ
プロセスチーズと
　　　　塩ウニとマヨネーズ　P.73
塩昆布
マッシュポテトと塩昆布　P.74
ピーマン塩漬けとバター　P.77
シシトウ
豚バラししとうゴマ炒め　P.67
ジャガイモ
（ポテトサラダ, マッシュポテトを除く）
ますじゃがサンド　P.33
香辣醤（シャンラージャン）
ツナ缶香辣醤　P.30
酒盗
ピザトースト　P.53
酒盗玉子焼き　P.79
醤油
三枚肉サンド　P.65
シェーブルチーズと
　　　　おかか醤油　P.77
ゆで玉子と
　　　市販チャーシュー　P.94
白ゴマ
スモークサーモン
　　　　なめろう　P.62

鰺なめろうと三つ葉　P.63
カリカリしらすと梅肉　P.78
白味噌
ピーナッツバター
　　　　サンド　P.16
マカロニ
　　　ナポリタンパン　P.60
はんぺん辛子味噌　P.61
キーマサンド　P.64
アボカドと白味噌　P.76
バナナとクルミと
　　　　白味噌　P.76
白ワイン
キーマサンド　P.64
鶏ささみと梅肉　P.69
スイートチリソース
はんぺん辛子味噌　P.61
スモークサーモン
サーモンリエット
　　　　サンド　P.16
スモークサーモンと
　　　　　　高菜漬け　P.38
スモークサーモン
　　　　なめろう　P.62
そうざい（市販）
【カニクリームコロッケ】
カニクリームグラタン　P.57
【きんぴらゴボウ】
きんぴら目玉焼き　P.86
【小鰺の南蛮漬け】
小鰺の南蛮漬けの
　　　　バケットサンド　P.93
【コロッケ】
コロッケピザソース　P.91
【白花豆の煮もの】
白花豆とブルーチーズ　P.88
【高菜の油炒め】
高菜油炒めと明太子　P.89
【チャーシュー】
ゆで玉子と
　　　市販チャーシュー　P.94
【菜の花のフリット】
菜の花フリットと
　　　　すぐき　P.90
【ヤリイカのフリット】
ヤリイカフリット
　　　刻み柴漬け　P.92

＜た＞

卵
鮭缶オムレツ　P.34

味たまと漬けもの　P.37
福神漬け玉子焼き　P.41
酒盗玉子焼き　P.79
スパムと玉子と海苔　P.81
きんぴら目玉焼き　P.86
ゆで玉子と
　　　市販チャーシュー　P.94
玉ネギ
キーマサンド　P.64
チーズ
【ウォッシュチーズ】
カレンズウォッシュ　P.18
さつまいもとウォッシュ
　　　チーズ（ホットサンド）　P.23
パンチェッタと
　　　　ウォッシュチーズ　P.54
【カマンベールチーズ】
白菜漬けカマンベール　P.36
生ハムとカマンベール　P.52
【クリームチーズ】
柚子ジャムと
　　　　クリームチーズ　P.47
スモークサーモン
　　　　なめろう　P.62
【コンテチーズ】
紅大根漬けとチーズ　P.39
コンテとキャラウェイ　P.56
きんぴら目玉焼き　P.86
【シェーブルチーズ】
シェーブルチーズと
　　　　おかか醤油　P.77
【シュレッドチーズ】
ピザトースト　P.53
カニクリームグラタン　P.57
【スモークチーズ】
味たまと漬けもの　P.37
【スライスチーズ】
キムチーズサンド　P.42
パンコンマーマレード　P.49
ベーコンチーズ　P.51
【パルミジャーノ・レッジャーノ】
鶏ささみと梅肉　P.69
【ブルーチーズ】
かぼちゃとブルーチーズ　P.24
チョコサンド　P.46
白花豆とブルーチーズ　P.88
【プロセスチーズ】
羊羹サンド　P.46
プロセスチーズと
　　　　塩ウニとマヨネーズ　P.73
茄子浅漬けとチーズ　P.85

7

【マスカルポーネチーズ】
ポテトサンド　P.16
芋団子　P.21
ねぎ味噌　P.58
はんぺん辛子味噌　P.61
干し杏と生ハムと
　　　クリームチーズ　P.72
カリカリしらすと梅肉　P.78
ミックスビーンズと
　　　たくあん炒め　P.80
【ラクレットチーズ】
チーズとでかハム　P.54
ドイツパンで
　　　ホットドッグ　P.55
ちりめんじゃこ
カリカリしらすと梅肉　P.78
漬けもの
【キムチ】
キムチーズサンド　P.42
キムチとくるみ　P.43
【キャベツの漬けもの】
ツナ缶香辣醤　P.30
【しば漬け】
ヤリイカフリット
　　　刻み柴漬け　P.92
【スグキの漬けもの】
菜の花フリットとすぐき　P.90
【高菜の漬けもの】
スモークサーモンと
　　　高菜漬け　P.38
【たくあん】
味たまと漬けもの　P.37
ミックスビーンズと
　　　たくあん炒め　P.80
【ナスの漬けもの】
茄子浅漬けとチーズ　P.85
【なます】
小鯵の南蛮漬けの
　　　バケットサンド　P.93
【ニシンの菜の花漬け】
にしん菜の花漬け　P.40
【白菜の漬けもの】
白菜漬けカマンベール　P.36
白菜漬けと生ハムと
　　　ごま油太香　P.84
【福神漬け】
福神漬け玉子焼き　P.41
【紅大根の漬けもの】
紅大根漬けとチーズ　P.39
粒マスタード　→
　　　　　　マスタード

ディル（ドライ）
オイルサーディンと
　　　　　ペコロス　P.29
鯖味噌サワークリーム　P.31
甜麺醤
豚バラししとう
　　　ゴマ炒め　P.67
トマト
コンビーフサンド　P.26
サーディンサンド　P.32
生ハムとカマンベール　P.52
ねぎ焼きトマトサンド　P.59
ドライフルーツ
【アプリコット】
干し杏と生ハムと
　　　クリームチーズ　P.72
【クランベリー】
ガラムマサラと
　　　クランベリー　P.48
バナナとクルミと
　　　白味噌　P.76
【干しブドウ】
芋団子　P.21
鶏肉
チキンクリーム
　　　シチュー　P.68
鶏ささみと梅肉　P.69

＜な＞
生ハム
生ハムとカマンベール　P.52
干し杏と生ハムと
　　　クリームチーズ　P.72
白菜漬けと生ハムと
　　　ごま油太香　P.84
日本酒
ピザトースト　P.53
三枚肉サンド　P.65
酒盗玉子焼き　P.79
ゆで玉子と
　　　市販チャーシュー　P.94
ネギ
ねぎ味噌　P.58
ねぎ焼きトマトサンド　P.59
海苔の佃煮
スパムと玉子と海苔　P.81

＜は＞
パクチー
牛大和煮とパクチーと
　　　赤ピーマン　P.83

バジル（生）
かにかまサンド　P.20
コンビーフサンド　P.26
サーディンサンド　P.32
生ハムとカマンベール　P.52
パセリ（ドライ）
鮭缶オムレツ　P.34
味たまと漬けもの　P.37
カニクリームグラタン　P.57
マカロニ
　　　ナポリタンパン　P.60
パセリ（生）
紅鮭缶リエット　P.33
ポテサラピザソース　P.75
小鯵の南蛮漬けの
　　　バケットサンド　P.93
ゆで玉子と
　　　市販チャーシュー　P.94
バター
みょうがバター　P.19
コンビーフサンド　P.26
きゅうりとコンビーフ　P.28
サーディンサンド　P.32
紅鮭缶リエット　P.33
鮭缶オムレツ　P.34
白菜漬けカマンベール　P.36
ガラムマサラと
　　　クランベリー　P.48
生ハムとカマンベール　P.52
鯵なめろうと三つ葉　P.63
アンチョビバター　P.73
マッシュポテトと
　　　塩昆布　P.74
ピーマン塩漬けと
　　　バター　P.77
白花豆とブルーチーズ　P.88
コロッケピザソース　P.91
ゆで玉子と
　　　市販チャーシュー　P.94
バナナ
バナナとクルミと
　　　白味噌　P.76
パンチェッタ
パンチェッタと
　　　ウォッシュチーズ　P.54
はんぺん
はんぺん辛子味噌　P.61
ピザソース
マカロニ
　　　ナポリタンパン　P.60
キーマサンド　P.64

8

ポテサラピザソース　P.75
コロッケピザソース　P.91

ピーナッツバター
ピーナッツバター
　　　　　サンド　P.16
ピーナッツバターと
　　　　　ベーコン　P.50

ピーマン
ピザトースト　P.53
ピーマン塩漬けと
　　　　　バター　P.77
牛大和煮とパクチーと
　　　　　赤ピーマン　P.83

豚肉
キーマサンド　P.64
三枚肉サンド　P.65
沖縄豚の焼肉サンド　P.66
豚バラししとう
　　　　　ゴマ炒め　P.67
ゆで玉子と
　　　　市販チャーシュー　P.94

ペコロス
オイルサーディンと
　　　　　ペコロス　P.29

ベーコン
ピーナッツバターと
　　　　　ベーコン　P.50
ベーコンチーズ　P.51
マカロニ
　　　　ナポリタンパン　P.60

ポテトサラダ
赤ポテサンド　P.22
いくらとポテサラ　P.25
ホットドッグ　P.55
沖縄豚の焼肉サンド　P.66

ホワイトソース
チキンクリーム
　　　　　シチュー　P.68

＜ま＞
マカロニ
マカロニ
　　　　ナポリタンパン　P.60

マスタード
オイルサーディンと
　　　　　ペコロス　P.29
サーディンサンド　P.32
白菜漬けカマンベール　P.36
マロンとリエット　P.47
生ハムとカマンベール　P.52

マッシュポテト
ポテトサンド　P.16
キムチとくるみ　P.43
マッシュポテトと
　　　　　塩昆布　P.74
ポテサラピザソース　P.75

マーマレード
パンコンマーマレード　P.49

マヨネーズ
かにかまサンド　P.20
赤ポテサンド　P.22
いくらとポテサラ　P.25
コンビーフサンド　P.26
きゅうりとコンビーフ　P.28
オイルサーディンと
　　　　　ペコロス　P.29
ツナ缶香辣醤　P.30
サーディンサンド　P.32
鮭缶オムレツ　P.34
福神漬け玉子焼き　P.41
キムチーズサンド　P.42
キムチとくるみ　P.43
生ハムとカマンベール　P.52
ピザトースト　P.53
ねぎ味噌　P.58
三枚肉サンド　P.65
沖縄豚の焼肉サンド　P.66
鶏ささみと梅肉　P.69
プロセスチーズと
　　　　塩ウニとマヨネーズ　P.73
スパムと玉子と海苔　P.81
茄子浅漬けとチーズ　P.85
菜の花フリットとすぐき　P.90
ゆで玉子と
　　　　市販チャーシュー　P.94

マロンペースト
マロンとリエット　P.47

三つ葉
鯵なめろうと三つ葉　P.63

ミニトマト → トマト

ミョウガ
みょうがバター　P.19
スモークサーモン
　　　　　なめろう　P.62

みりん
三枚肉サンド　P.65
ゆで玉子と
　　　　市販チャーシュー　P.94

明太子
赤ポテサンド　P.22
高菜油炒めと明太子　P.89

麺つゆ
かぼちゃと
　　　　ブルーチーズ　P.24
三枚肉サンド　P.65
沖縄豚の焼肉サンド　P.66
コンビーフの佃煮　P.82

＜や＞
焼肉のたれ
沖縄豚の焼肉サンド　P.66

柚子コショウ
ねぎ味噌　P.58
チキンクリーム
　　　　　シチュー　P.68

柚子ジャム
かぼちゃと
　　　　ブルーチーズ　P.24
柚子ジャムと
　　　　クリームチーズ　P.47
三枚肉サンド　P.65

茹で玉子 → 卵
羊羹
羊羹サンド　P.46

＜ら＞
ラム酒
ガラムマサラと
　　　　クランベリー　P.48

リエット
マロンとリエット　P.47

練乳
ピーナッツバターと
　　　　　ベーコン　P.50

ロースハム
チーズとでかハム　P.54

＜わ＞
和がらし
はんぺん辛子味噌　P.61
三枚肉サンド　P.65
茄子浅漬けとチーズ　P.85

おいしい
サンドウィッチの

ちょっとした コツ

パンは手切りしよう！

サンドウィッチの肝のひとつは"パンの厚さ"です。おつまみサンドの場合、食べやすさや、食べ飽きない程度のボリュームに仕上げるのが大切。たとえば、焼いたパンで具材をサンドするタイプのおつまみサンドなら、パンの厚さは0.8～1.4cmが理想です。市販の6枚切りはおおむね2cm、8枚切りは1.5cmなので、それならば自分で切ってしまおうというわけ。具材に合わせて厚さを調整できますしね。食パンなら1斤以上の単位で、バゲットやカンパーニュなども丸ごと買って、理想の厚さに切り分けます。余ったパンもスライスしてラップで包んで冷凍しておけば無駄になりません。もちろん、具材によってはもっと厚いほうがいい場合もあります。切るときのコツはひとつ。躊躇せず、一気に包丁を入れることです。

好みの厚さに
勢いよく切ります！

パンは"冷凍→焼く"が基本です！

おいしいおつまみサンドをつくるための基本は、パンの水分をしっかりととばしてカリッと焼くこと。そのためのポイントは、パンを冷凍することなんです。スライスしたパンを冷凍しておき、使うときに凍った状態のままトースターに入れて焼けばOK。試しに、冷凍してからトーストしたパンと、冷凍せずにトーストしたパンを、焼き上がり直後にまな板にしばらく置いてみてください。パンを持ち上げてまな板をさわってみると、不思議なことに、後者のパンを置いていたところのほうがしっとりしているはずです。冷凍せずにトーストしたパンのほうが汗をかいている、つまり水分がしっかりと抜けていないということです。

カチンカチンの
パンたち↑
この状態から調理
開始！

「バターをぬる」「マヨネーズをぬる」は絶対じゃない!

サンドウィッチにバターをぬる理由について、具材の水分でパンがふにゃっとするのを防ぐためと答える人もいると思います。でも、その考え方なら、水分量の少ない具材をサンドする場合はぬらなくていいことになりますよね? だから、「バターをぬる」「マヨネーズをぬる」は絶対じゃないんです。また、バターを使うかどうかは、どちらかというと味として必要なのか否かのほうが重要な判断基準になります。ぬる量も、バターの風味が強いパンなら少なめ、弱いパンなら多めと、使うパンに合わせて変えましょう。

バターやマヨを
ぬらない
サンドウィッチも
ありよ!

マヨネーズは接着材のように絞る!

マヨネーズは味の要素としてだけではなく、具材とパンを結着させるために使うこともあります。そのとき、パンや具材に絞ったマヨネーズは基本的にぬり広げません。チューブから接着材のように波状に絞り出したら、そのままパーツを重ねます。そのほうが結着しやすいんです。

結着のための
マヨは
うねうねと絞って!

見た目も重要。天敵はパンの"みみ"!

パンのみみを切り落とすかどうかは、具材次第です。みみを切るタイミングは、基本的に具材をはさんでから。このとき、たとえば具材がやわらかいと、具材とパンがずれやすく、うまく切れない場合があります。だったら、みみは残す。せっかく味のいいおつまみサンドをつくったのに、無理にみみを落としたがために、見た目が残念になってはね。ずれない、すべらないと思える場合だけ、みみを落としましょう。これ、きれいに見せるための、重要なポイント。余ったみみは、やわらかいタイプのパンでなければ、カナッペの土台に使うのもありです。また、皿にのせてからコショウを挽きかけるなど、簡単な工夫で見た目のおいしさはアップします。ただし、やみくもにコショウをかけてはいけませんよ。

うまく
切れなさそうなら
あえて切らないが
正解!

おつまみサンドは小さめに切り分ける！

あくまでおつまみなので、全般的に味は濃いめにつくります。なので、ひと口サイズに切り分けます。そのほうが食べやすいですしね。とくに、チーズ系など味の印象の強いおつまみサンドは小さく切り分けましょう。

味濃いめの
ひと口サイズで
パクッといきましょう！

ポテサラ、卵を使おう！

ポテトサラダやマッシュポテトはつくりおきがきき、もちろんそのまま食べてもOKな便利なアイテム。単体でサンドしてもいいですが、汎用性も高いので、明太子やイクラの醤油漬けなどの素材と組み合わせても楽しめます。ポテトサラダとマッシュポテトのつくり方は以下のとおり。パンにぬりやすいようにやわらかめにつくりましょう。注意点はひとつだけ。冷蔵庫から出したばかりだとさすがに固いので、常温にもどしてからぬりましょう。卵も、茹で玉子にしたり、オムレツにしたりと、シンプルな調理でサンドウィッチに向くパーツに加工できる使い勝手のよい素材です。ただし、ここでも注意したいことがひとつあります。オムレツはつくりたての熱々をサンドしてはいけません。せっかくカリッと焼いたパンが蒸れてしまいます。オムレツに限らず、火を使って調理した具材は冷ましてからはさみましょう。

ポテトサラダ

[材料と分量]
ジャガイモ…200g
ニンニク…5g
ミニパスタ…50g
パセリ（ドライ）…少々
マヨネーズ…20g
ゴマ油（太白）…大さじ2
バター…15g
塩…1つまみ

[つくり方]
1　ジャガイモとニンニクは皮をむいてスライスする。
2　鍋に水（分量外）をはり、①のジャガイモとニンニクを加えて茹でる。
3　別の鍋でミニパスタを茹でる。
4　②のジャガイモがやわらかくなったら、火からおろして湯を捨て、ジャガイモとニンニクをつぶす。
5　④に茹で上げたミニパスタを加え、パセリ、マヨネーズ、ゴマ油、バターを加え混ぜる。塩で味をととのえる。

ぬりやすいように
ゆるめにつくってね！

マッシュポテト①

[材料と分量]
ジャガイモ…200g
ニンニク…5g
ゴマ油(太白)…大さじ2
バター…15g
塩…1つまみ

[つくり方]
1　ジャガイモとニンニクは
　　皮をむいてスライスする。
2　鍋に水(分量外)をはり、
　　①のジャガイモとニンニクを
　　加えて茹でる。
3　ジャガイモがやわらかくなったら、
　　火からおろして湯を捨て、
　　ジャガイモとニンニクをつぶす。
4　③にゴマ油とバターを加え混ぜ、
　　塩で味をととのえる。

材料をちょっと変えて
バリエーションも →

マッシュポテト②

[材料と分量]
ジャイガイモ…500g
ゴマ油(太白)…大さじ4
塩…小さじ1

[つくり方]
1　ジャガイモとニンニクは
　　皮をむいてスライスする。
2　鍋に水(分量外)をはり、
　　①のジャガイモを加えて茹でる。
3　ジャガイモがやわらかくなったら
　　火からおろして湯を捨て、
　　ジャガイモをつぶす。
4　③にゴマ油を加え混ぜ、
　　塩で味をととのえる。

缶詰、漬けもの、市販のそうざいを使おう!

調理・加工済みの食材を上手に使えば、おつまみサンドのバリエーションはぐーっと広がります。たとえば、サンドウィッチに向く缶詰はツナ缶だけではありません。鮭水煮缶だって、鯖味噌缶だって、牛大和煮缶だって、ちょっと手を加えればサンドウィッチにぴったりのフィリングになります。漬けものも便利アイテムです。和製ピクルスだと考えてみてください。どうですか?　サンドウィッチの具材になりそうでしょう!?　また、揚げものなど市販のそうざいをうまく活用すれば、立派なボリュームサンドも楽々です。そのほか、調味料的に使えるのが瓶詰。本書では塩ウニや酒盗、海苔の佃煮をぬったり、混ぜたりして、ちょっと和のテイストをプラスしたサンドウィッチを紹介しています。

身近な加工食品も
フィリングに
変身します!

本書を使う前に

• パンは具材との相性を考えて種類を選んでいますが、そのパンで
 なければいけないわけではありません。手に入りにくいパンの場合
 は、食パンやバゲットなど身近なパンでアレンジしてください。

• パンのサイズは、基本的に「長辺×短辺×厚さ」あるいは「長径×
 短径×厚さ（or長さor高さ）」を記しています。あくまで目安です。

• 材料に既製の菓子やそうざいなどを使用する場合、その製品ごと
 に味に違いがありますので、調味などは適宜調節してください。

• 材料の分量は、原則として写真の1皿分です。

• 小さじ1は5cc、大さじ1は15ccと同量です。

• トースターは電気オーブントースターを使用しています。容量や
 火力など、機種や熱源によって多少違いがありますので、焼き時
 間などは適宜調節してください。

パンを焼いてはさむ &
のせて焼く

───────────────

"おつまみサンド"は
トーストするのが基本です！

パンを焼いてはさむ &
のせて焼く

1
シンプルつまみ、
基本の「き」

まずは本を読みながら、何にも考えないで、指をのばしてつまんでみませんか？

ピーナッツバターサンド

[材料と分量]
玉ネギのパン（8.5×5.5×厚さ1.2cm）…2枚
ピーナッツバター（粒入り）…10g
白味噌…5g

[つくり方]
1　玉ネギのパンをトーストする。
2　ピーナッツバターと白味噌を混ぜる。
3　②を①ではさみ、半分に切り分ける。

ポテトサンド

[材料と分量]
玉ネギのパン（8.5×5.5×厚さ1.2cm）…2枚
マッシュポテト①（P.13）…40g
マスカルポーネチーズ…10g

[つくり方]
1　玉ネギのパンをトーストする。
2　マッシュポテトとマスカルポーネチーズを混ぜる。
3　②を①ではさみ、半分に切り分ける。

サーモンリエットサンド

[材料と分量]
玉ネギのパン（8.5×5.5×厚さ1.2cm）…2枚
スモークサーモン…10g
サワークリーム…10g

[つくり方]
1　玉ネギのパンをトーストする。
2　スモークサーモンを細かく切り、サワークリームを加え混ぜる。
3　②を①ではさみ、半分に切り分ける。

甘みのあるドライフルーツの入ったパンにちょっと香りのあるウォッシュチーズの組合せ。少しずらしながらはさんでみてね。

カレンズウォッシュ

［材料と分量］
ブドウとイチジクのパン（5×4.5×厚さ0.8cm）…6枚
ウォッシュチーズ…20g
黒コショウ…少々

［つくり方］
1　ブドウとイチジクのパンをトーストする。
2　ウォッシュチーズを切って①ではさむ。
　　黒コショウを挽きかける。

あら不思議。ミョウガをきざんだだけなのに、大人の香りがするのはなぜだろう？

みょうがバター

[材料と分量]
食パン（角食／8.5×8.5×厚さ0.8cm）…4枚
ミョウガ（きざむ）…1/2本
バター…10g

[つくり方]
1　食パンをトーストする。
2　きざんだミョウガとバターを混ぜる。
3　②を①ではさみ、半分に切り分ける。

サクサクっとダブルのオープンサンド。上下とも同じソースで統一感を。チャーミングに盛り付けてね。

かにかまサンド

[材料と分量]

バゲット
(6.5×4×厚さ0.8cm)…6枚
マヨネーズ…20g
カレー粉…小さじ1/2
コチジャン…小さじ1
カニかま…20g
バジル(生)…3枚

[つくり方]

1　バゲットをトーストする。
2　マヨネーズにカレー粉とコチジャンを混ぜる。
3　①の3枚に②をぬり、カニかまを切ってのせる。
4　③に残りの①を重ね、②をぬる。バジルをのせ、中央に②をぬる。

パンを焼いてはさむ &
のせて焼く

2
便利なポテサラ、
いろんなマッシュ

ふかしたおイモさんを
餡に使えばいいじゃない。
簡単が大切。
きちんと量って丸めるところは
手を抜かないでね。

芋団子

[材料と分量]
クルミのバゲット（7×5×厚さ0.6cm）…6枚
芋団子… 以下より60g
├ ふかしたサツマイモ（市販）…200g
├ マスカルポーネチーズ…30g
└ 干しブドウ…10g

[つくり方]
1 クルミのバゲットをトーストする。
2 芋団子をつくる。ふかしたサツマイモの皮をむき、
  つぶしながらマスカルポーネチーズと干しブドウを加え混ぜる。
  20gずつに分けて丸める。
3 芋団子を①ではさむ。

このままでもいけます！

赤ポテサンド

[材料と分量]
食パン（角食／12×11×厚さ1.4cm）…2枚
マヨネーズ…10g
ポテトサラダ（P.12）…40g
明太子…15g

[つくり方]
1 食パンをトーストし、それぞれに
　マヨネーズを絞る。
2 ①の1枚にポテトサラダをのせ、
　明太子をほぐしてぬる。
3 残りの①を重ね、8等分に切り分ける。

ポテサラに明太子を混ぜてからはさむのはNGですよ。明太子をのせることで完成度が一気に上がります。

みんなが「えっ?」と目を丸くするサンドウィッチ。ところが、サツマイモの甘みをウォッシュチーズが上手に受け止めます。バターはぬらないほうがいいかな。

さつまいもとウォッシュチーズ（ホットサンド）

[材料と分量]
食パン（角食／12×11×厚さ1.2cm）…2枚
ふかしたサツマイモ（市販）…50g
ウォッシュチーズ…30g

[つくり方]
1 食パンをトーストする。
2 ふかしたサツマイモの皮をむいてつぶし、①の1枚にぬる。
3 ウォッシュチーズを切ってのせ、残りの①を重ねる。8等分に切り分ける。

カボチャペーストの隠し味は麺つゆ。ないと少し平坦な味わいに。アクセントにシャープなブルーチーズ。柚子ジャムで笑顔もアップ。

かぼちゃとブルーチーズ

[材料と分量]

食パン（角食／12×11×厚さ1.2cm）…2枚
カボチャペースト…以下より50g
├ カボチャ…500g
├ 麺つゆ（3倍濃縮）…50g
└ 水…400cc
柚子ジャム…10g
ブルーチーズ…25g

[つくり方]

1 カボチャペーストをつくる。
　カボチャの皮をむき、麺つゆと水を入れた鍋に加えて10〜15分茹でる。カボチャを取り出してつぶす。
2 カボチャペーストに柚子ジャムを加え混ぜる。
3 食パンをトーストする。
4 ③の1枚に②をぬり、ブルーチーズをスライスしてのせる。
5 残りの③を重ねる。パンのみみを切り落とし、8等分に切り分ける。

いくらとポテサラ

［材料と分量］
食パン（角食／12×11×厚さ1.4cm）…2枚
マヨネーズ…10g
ポテトサラダ（P.12）…60g
イクラの醤油漬け…30g

［つくり方］
1 食パンをトーストし、それぞれに
　マヨネーズを絞る。
2 ①の1枚にポテトサラダと、
　イクラの醤油漬けを順にのせる。
3 残りの①を重ね、6等分に切り分ける。

イクラを主役に使うのは当り前。今回はお醤油的な調味料としてひと仕事。メインはポテサラ。でも、赤い宝石の存在感はスゴイよね。

パンを焼いてはさむ &
のせて焼く

3
缶詰を
活用しよう!

コンビーフサンド

当店の人気サンドウィッチです。
端正さを意識してつくってみてください。
慌ててはだめ。ていねいさが命。

［材料と分量］
食パン（角食／12×11×厚さ1.4cm）
…3枚
コンビーフパテ…以下より全量
├ コンビーフ（缶詰）…40g
├ ケチャップ…5g
├ マヨネーズ…5g
└ 黒コショウ…少々
バター…15g
マヨネーズ…15g
トマト（スライスする）…4切れ
バジル（生）…4〜5枚

［つくり方］
1 コンビーフパテをつくる。
　コンビーフ、ケチャップ、マヨネーズ、
　黒コショウを混ぜ、ラップをかぶせて
　パンにぴったり収まるサイズの
　シート状に成形する。
2 食パンをトーストし、それぞれに
　バターをぬる。
3 ②の1枚にコンビーフパテをのせ、
　②の1枚を重ねる。
4 マヨネーズを絞り、
　スライスしたトマトをのせる。
　ふたたびマヨネーズを絞り、
　バジルをのせる。
5 マヨネーズを絞って残りの②を重ね、
　8等分に切り分ける。

きゅうりとコンビーフ

[材料と分量]
食パン（角食／12×11×厚さ1.4cm）…2枚
コンビーフパテ…以下より全量
├ コンビーフ（缶詰）…40g
├ ケチャップ…5g
├ マヨネーズ…5g
└ 黒コショウ…少々
キュウリ…1本
バター…10g
マヨネーズ…10g

[つくり方]
1 コンビーフパテをつくる。コンビーフ、ケチャップ、マヨネーズ、黒コショウを混ぜ、ラップをかぶせてパンにぴったり収まるサイズのシート状に成形する。
2 キュウリを食パンにぴったり収まるサイズに切り分ける。
3 食パンをトーストし、それぞれにバターをぬってマヨネーズを絞る。
4 ③の1枚にコンビーフパテをのせ、切ったキュウリを並べる。残りの③を重ね、8等分に切り分ける。

パン3枚はお腹いっぱいになるよなぁ……ちょこっとつまみたいんだよなぁ……と、おなじみさん。そんなときはおすすめ。キュウリを使ったさっぱりとしたおつまみサンドです。

オイルサーディンとペコロス

[材料と分量]

プンパニッケル*(12×9.5×厚さ0.4cm)…1枚
サーディンマヨネーズ
…以下より40g
├ オイルサーディン（缶詰）…80g
├ マヨネーズ…20g
├ マスタード…5g
└ 黒コショウ…少々
ペコロス（スライスする）…1/2個
黒オリーブ（スライスする）…1個
ディル（ドライ）…少々

*ライ麦主体の生地を蒸し焼きにしてつくるドイツの黒パン。独特の酸味がある。

[つくり方]

1 サーディンマヨネーズをつくる。オイルサーディンの汁けをきり、マヨネーズ、マスタード、黒コショウを加えてほぐしながら混ぜる。
2 プンパニッケルをトーストする。
3 ②にサーディンマヨネーズをのせる。スライスしたペコロスと黒オリーブをのせ、ディルをちらす。

黒いパンでオープンサンドに。輪切りのペコロスでキュートにしてね。サーディンにはディルもいいよ。

キャベツの葉っぱのお漬けもので、さわやかな味わいに。いつものツナマヨに香辣醤でピリピリッと変化球。

ツナ缶香辣醤

[材料と分量]

ロールパン（10×6.5×高さ5cm）…1個
ツナマヨネーズ…以下より15g
　├ ツナ（缶詰）…100g
　├ 香辣醤*…5g
　└ マヨネーズ…20g
マヨネーズ…5g
キャベツの漬けもの
（浅漬け）…1枚

＊大豆味噌、唐辛子、花椒、八角などを原料とする中国の辛味調味料。

[つくり方]

1　ロールパンを横から半分に切り分け、トーストする。
2　ツナマヨネーズをつくる。ツナの汁けをきり、香辣醤とマヨネーズを加えてほぐしながら混ぜる。
3　①の断面にそれぞれマヨネーズを絞る。
4　下側のパンにキャベツの漬けものを汁けをきってのせる。ツナマヨネーズをのせて上側のパンを重ね、半分に切り分ける。

このままでもいけます！

鯖味噌サワークリーム

[材料と分量]
ライ麦食パン（角食／6.5×6×厚さ1cm）…2枚
鯖味噌煮（缶詰）…40g
田舎味噌…20g
サワークリーム…15g
ディル（ドライ）…少々

[つくり方]
1　ライ麦食パンをトーストする。
2　鯖味噌煮の汁をきり、田舎味噌と
　　サワークリームを加えてほぐしながら混ぜる。
3　②を①ではさむ。4等分に切り分け、
　　ディルをちらす。

鯖味噌にサワークリームは最近の定番。味が強めのパンにぴったり。ディルがなければパセリかな？ぱらぱらと、ちらしてみて。

「ロックフィッシュ」の元祖といえば、このオイルサーディンを使ったサンドウィッチ。ここから伝説がはじまりました。

サーディンサンド

[材料と分量]

食パン（角食／12×11×厚さ1.4cm）…3枚
バター…15g
サーディンマヨネーズ
…以下より全量
├ オイルサーディン（缶詰）…40g
├ マヨネーズ…10g
└ 粒マスタード…5g
マヨネーズ…15g
トマト（スライスする）…4切れ
バジル（生）…3〜4枚

[つくり方]

1　食パンをトーストし、それぞれにバターをぬる。
2　サーディンマヨネーズをつくる。オイルサーディンの汁けをきり、マヨネーズと粒マスタードを加えてほぐしながら混ぜる。
3　①の1枚にサーディンマヨネーズをのせる。
4　①の1枚を重ね、マヨネーズを絞る。その上にスライスしたトマトを並べ、マヨネーズを絞る。
5　バジルをのせ、残りの①にマヨネーズを絞って重ねる。8等分に切り分ける。

紅鮭缶リエット

[材料と分量]
カンパーニュ（11×6×厚さ1.4cm）…2枚
紅鮭水煮（缶詰）…100g
バター…30g
黒コショウ…少々
パセリ（生／きざむ）…少々

[つくり方]
1 カンパーニュをトーストする。
2 紅鮭水煮の汁けをきり、バター、黒コショウ、きざんだパセリを加えてほぐしながら混ぜる。
3 ②を①ではさみ、半分に切り分ける。

このままでもいけます！

大きめのパンにどっしりはさんでみました。

ますじゃがサンド

[材料と分量]
ライ麦パン（10×7.8×厚さ0.8cm）…2枚
鱒水煮（缶詰）…80g
茹でたジャガイモ（つぶす）…20g
サワークリーム…40g

[つくり方]
1 ライ麦パンをトーストする。
2 鱒水煮の汁けをきり、つぶした茹でたジャガイモとサワークリームを加えてほぐしながら混ぜる。
3 ②を①ではさみ、半分に切り分ける。

このままでもいけます！

薄めに仕上げたいときははさむ具材も薄めにね。

オムレツをつくるときは、弱火でゆっくり焼きながら、のせるパンの形を意識してみてね。淡い味つけにしたので、パンには少しだけ濃い味つけを。

鮭缶オムレツ

[材料と分量]
食パン（山食／11×7.5×厚さ1.4cm）…2枚
鮭缶オムレツ…以下より全量
　├ 鮭水煮（缶詰）…30g
　├ 卵…2個
　├ バター…10g
　└ ゴマ油（太白）…小さじ2
田舎味噌…8g
マヨネーズ…8g
パセリ（ドライ）…少々

[つくり方]
1　食パンをトーストする。
2　鮭缶オムレツをつくる。
　　鮭水煮の汁けをきり、卵とバターを
　　加えてほぐしながら混ぜる。
3　フライパンにゴマ油をひいて火にかけ、
　　油が熱くなりすぎないうちに
　　②を流し入れる。
4　まわりが固まってきたら混ぜ、
　　形をととのえながらふんわりと焼き上げる。
　　火からおろして冷ます。
5　田舎味噌にマヨネーズを混ぜ、
　　①のパン2枚にぬる。
6　⑤の1枚に鮭缶オムレツをのせ、
　　パセリをふる。残りの⑤を重ね、
　　半分に切り分ける。

パンを焼いてはさむ ＆
のせて焼く

4
漬けもので
サンドウィッチ

よくあるバゲットサンドも
お漬けものが入ると
ずいぶん雰囲気が違ってきます。
チーズは白カビタイプを選びました。

白菜漬けカマンベール

［材料と分量］
バゲット（6.5×4.5×長さ8.5cm）…1個
バター…10g
マスタード…小さじ1
白菜の漬けもの（浅漬け）…1枚
カマンベールチーズ…20g

［つくり方］
1 バゲットは横から半分に切り分け、トーストする。
  断面にそれぞれバターとマスタードを順にぬる。
2 下側のパンに白菜の漬けものを汁けをきってのせ、
  カマンベールチーズを切って並べる。
3 上側のパンを重ね、半分に切り分ける。

ひと口サイズの簡単オープンサンド。アミューズみたいな感覚でおつまみをのせてみました。

味たまと漬けもの

［材料と分量］
ライ麦食パン（角食／6.5×5.5×厚さ0.5cm）…4枚
味つけ玉子（市販）…1個
スモークチーズ…10g
たくあん…2切れ
パセリ（ドライ）…少々

［つくり方］
1　ライ麦食パンをトーストする。
2　味つけ玉子とスモークチーズを輪切りにし、たくあんを半分に切る。
3　①に切った味つけ玉子、スモークチーズ、たくあんをのせ、パセリをふる。

ここでは具材は重ねていくよりも、混ぜてからパンにぬるほうが安定感があります。

スモークサーモンと高菜漬け

[材料と分量]
クルミのライ麦パン（8.5×7×厚さ0.7cm）…2枚
スモークサーモン…30g
高菜の漬けもの（きざむ）…5g
サワークリーム…15g

[つくり方]
1 クルミのライ麦パンをトーストする。
2 スモークサーモンを細かく切り、
　きざんだ高菜の漬けもの、サワークリームを加え混ぜる。
3 ①に②をのせ、半分に切り分ける。

このままでもいけます！

紅大根漬けとチーズ

［材料と分量］
バゲット（7.5×5×厚さ0.9cm）…3枚
紅大根の漬けもの（浅漬け）…3個
コンテチーズ…10g

［つくり方］
1　紅大根の漬けものを半割りにし、バゲットにのせる。
2　コンテチーズを切って①にのせ、トースターで焼く。

小さな大根のお漬けものと山のチーズのコンテ焼き。どちらものせすぎないほうが味がまとまりますよ。

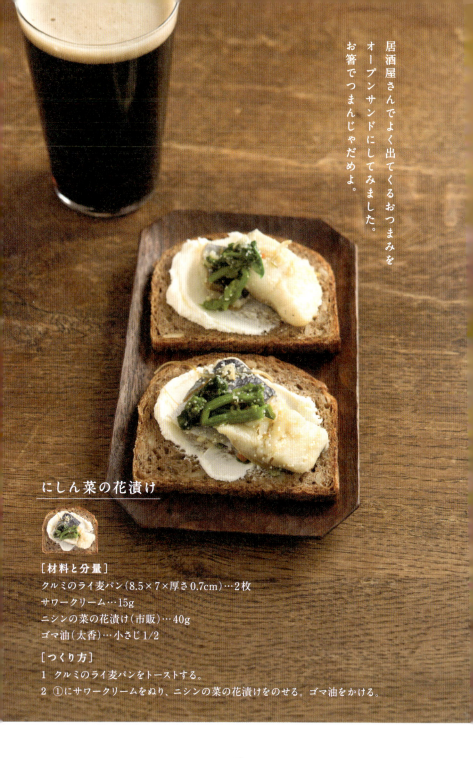

居酒屋さんでよく出てくるおつまみをオープンサンドにしてみました。お箸でつまんじゃだめよ。

にしん菜の花漬け

[材料と分量]
クルミのライ麦パン(8.5×7×厚さ0.7cm)…2枚
サワークリーム…15g
ニシンの菜の花漬け(市販)…40g
ゴマ油(太香)…小さじ1/2

[つくり方]
1 クルミのライ麦パンをトーストする。
2 ①にサワークリームをぬり、ニシンの菜の花漬けをのせる。ゴマ油をかける。

福神漬け玉子焼き

[材料と分量]
食パン（角食／12×11×厚さ1.4cm）
…2枚
福神漬け玉子焼き…以下より全量
├ 卵…2個
├ 福神漬け…20g
├ マヨネーズ…10g
└ ゴマ油（太白）…大さじ1

[つくり方]
1 食パンをトーストする。
2 福神漬け玉子焼きをつくる。
　卵、福神漬け、マヨネーズを混ぜる。
3 フライパンにゴマ油をひいて火にかけ、
　油が熱くなりすぎないうちに②を流し入れる。
4 まわりが固まってきたら混ぜ、
　形をととのえながらふんわりと焼き上げる。
　火からおろして冷ます。
5 福神漬け玉子焼きを①ではさむ。
　パンのみみを切り落とし、4等分に切り分ける。

少し時間をおいて、しっとりしたら召し上がれ。福神漬けも調味料。マヨネーズ、忘れないでね。

キムチーズサンド

［材料と分量］
食パン（角食／12×11×厚さ1.4cm）…2枚

マヨネーズ…10g
スライスチーズ…1枚
キムチ…25g

［つくり方］
1　食パンをトーストし、それぞれにマヨネーズを絞る。
2　①の1枚にスライスチーズをのせ、キムチを汁けをきって並べる。
3　残りの①を重ねる。パンのみみを切り落とし、8等分に切り分ける。

パンのみみを落とすと、味わいがよりすっきりしますよ。キムチの水分にご用心。キムチーズ……、はい、言いたかったんです。

キムチにクルミを合わせるとアクセントと重厚感がアップ。カシューナッツ? いやぁ、違うんだなぁ。試してみてね。

キムチとくるみ

[材料と分量]
食パン（山食／12×8.5×厚さ1.4cm）…2枚
マヨネーズ…10g
マッシュポテト①（P.13）…40g
キムチ…25g
クルミ…10g
黒コショウ…少々

[つくり方]
1　食パンをトーストし、それぞれにマヨネーズを絞る。
2　①の1枚にマッシュポテトをぬり、
　　キムチを汁けをきって並べ、クルミをのせる。
3　残りの①を重ね、4等分に切り分ける。黒コショウを挽きかける。

パンを焼いてはさむ ＆ のせて焼く

5
甘い!?
甘じょっぱい!?

しっとりした
ガトーショコラを少し厚めに。

チョコサンド

[材料と分量]
食パン（角食／10.5×9.5×
厚さ1.3cm）…2枚
ブルーチーズ…25g
ガトーショコラ…70g

[つくり方]
1 食パンをトーストする。
2 ブルーチーズとガトーショコラを
  それぞれスライスする。
3 ①の1枚に切ったブルーチーズと
  ガトーショコラを順に並べる。
4 残りの①を重ね、
  4等分に切り分ける。

上質な羊羹をいただいたらチーズとはさんでみましょう。
焼いたパンに、羊羹6対チーズ4が黄金比かも!?

羊羹サンド

[材料と分量]
食パン（角食／8.5×8.5×
厚さ1cm）…2枚
羊羹…60g
プロセスチーズ…40g

[つくり方]
1 食パンをトーストする。
2 羊羹とプロセスチーズを
  それぞれスライスする。
3 ①の1枚に切ったプロセスチーズと
  羊羹を順に並べる。
4 残りの①を重ね、
  半分に切り分ける。

柚子ジャムと
クリームチーズ

［材料と分量］
ロールパン（5.5×4×高さ3.5cm）
…2個
クリームチーズ…8g
柚子ジャム…10g
黒コショウ…少々

［つくり方］
1 ロールパンを横から半分に切り、トーストする。
2 下側のパンに、クリームチーズと柚子ジャムを順にのせ、黒コショウを挽きかける。
3 上側のパンを重ねる。

ロールパンは焦げやすいから注意してね。ポイントはコショウをバリバリと。パンはそっと重ねてね。

マロンとリエット

［材料と分量］
バゲット（6×4×厚さ0.8cm）
…8枚
マスタード…小さじ1
マロンペースト…15g
リエット（市販）…20g

［つくり方］
1 バゲットをトーストする。
2 ①の4枚にマスタードとマロンペーストを順にぬり、リエットをのせる。
3 残りの①を重ねる。

マロンペーストがなければ栗きんとんで。戸棚で眠ってるリエットはありませんか？

当店自慢のレーズンバターのアレンジ版。ラム酒の色気が誘います。ガラムマサラが隠し味。

ガラムマサラとクランベリー

[材料と分量]
食パン（角食／12×11×厚さ1.2cm）…2枚
クランベリー（ドライ）…30g
ラム酒…30cc
バター…100g
黒コショウ…少々
ガラムマサラ…少々

[つくり方]
1 クランベリーをラム酒に漬ける。汁けをきって、バターと黒コショウを加え混ぜる。
2 食パンをトーストする。
3 ①を②ではさみ、パンのみみを切り落とす。8等分に切り分け、ガラムマサラをふる。

パンコンマーマレード

クルミとマーマレードの組合せの味と食感のよさにおかわり必至。チーズが後味を引きのばします。

[材料と分量]
クルミのバゲット(8×5×厚さ0.9cm)…4枚
スライスチーズ…30g
マーマレード…30g
黒コショウ…少々

[つくり方]
1 クルミのバゲット2枚にスライスチーズをのせ、残りのパンとともにトーストする。
2 チーズをのせて焼いたパンに黒コショウを挽きかけ、残りの焼いたパンにマーマレードをのせる。
3 具材をのせた面どうしを向かい合わせにして重ね、半分に切り分ける。

汎用性の高いピーナッツバターは、いつも冷蔵庫に入っています。甘さ控えめなら、つい倍ぬっちゃいます。

ピーナッツバターとベーコン

［材料と分量］
食パン（山食／14×8.5×厚さ1cm）…1枚
ベーコン（ブロック）…30g
ピーナッツバター（粒入り）…20g
練乳…少々
黒コショウ…少々

［つくり方］
1　ベーコンを食べやすい大きさに切り、フライパンで油をひかずに焼く。
2　食パンをトーストする。
3　②にピーナッツバターをぬり、焼いたベーコンをのせる。練乳をかけ、黒コショウを挽きかける。

スライスタイプのベーコンを使います。甘みはイチゴジャムで。コショウはなしで。なんでスライスなのかな？

ベーコンチーズ

[材料と分量]

カンパーニュ（9.5×6.5×厚さ1.2cm）…2枚
ベーコン（スライス）…1枚(7g)
スライスチーズ…15g
イチゴジャム…5g

[つくり方]

1　ベーコンをフライパンで油をひかずに焼く。
2　カンパーニュ1枚にスライスチーズと焼いたベーコンを順にのせ、トーストする。
3　もう1枚のカンパーニュをトーストし、イチゴジャムをぬる。
4　具材をのせた面どうしを向かい合わせにして重ね、半分に切り分ける。

パンを焼いてはさむ &
のせて焼く

6
ハム・ソーセージ &
チーズを使って

生ハムとカマンベール

[材料と分量]
食パン(角食／12×11×厚さ1.4cm)
…3枚
バター…15g
カマンベールチーズ…40g
粒マスタード…5g
生ハム…1枚
黒コショウ…少々
マヨネーズ…15g
トマト(スライスする)…4切れ
バジル(生)…3〜4枚

[つくり方]
1　食パンをトーストし、
　　それぞれにバターをぬる。
2　①の1枚にカマンベールチーズを切ってのせ、
　　粒マスタードをぬる。生ハムをちぎってのせ、
　　黒コショウを挽きかける。
3　②に①の1枚を重ね、マヨネーズを絞る。
　　トマトをのせ、ふたたびマヨネーズを絞る。
4　バジルをのせ、残りの①にマヨネーズを
　　絞って重ねる。パンのみみを切り落とし、
　　8等分に切り分ける。

カマンベールと生ハムで粒マスタードをはさんでいます。トマトも内側にはさみます。このちょっとした水分との攻防戦も味わいのうち。少し上級編。

ピザトースト

[材料と分量]
食パン（山食／15.5×9.5×厚さ2.2cm）
…1枚
酒盗…5g
日本酒…大さじ1
マヨネーズ…5g
サラミ（スライスする）…3枚（計20g）
赤ピーマン（スライスする）…10g
黒オリーブ（スライスする）…2個
シュレッドチーズ…20g
黒コショウ…少々

[つくり方]
1　酒盗を日本酒で洗う。
2　食パンにマヨネーズと①をぬり、
　　スライスしたサラミ、赤ピーマン、
　　黒オリーブと、シュレッドチーズをのせる。
3　トースターで焼き、
　　黒コショウを挽きかける。

酒盗とチーズのおいしい組合せも市民権を得てきました。お酒で洗うひと手間が、仕上がりで光ります。

きざんたベーコンでも可。サワークリームが肝です。

たまには大判のパンとハムで男前に焼いちゃいましょう。

チーズとでかハム

［材料と分量］
パン・ド・ロデヴ*（15.5×8.2×厚さ1.6cm）…2枚
ロースハム（大判のスライス）…2枚（50g）
ラクレットチーズ…50g

*南フランスの小さな町「ロデヴ」発祥のパン。加水率が高く、中はしっとり、みずみずしい。大きな気泡も特徴。

［つくり方］
1 パン・ド・ロデヴに
  ロースハムをのせる。
2 ラクレットチーズを
  スライスして①にのせ、
  トースターで焼く。

パンチェッタとウォッシュチーズ

［材料と分量］
パン・ド・ロデヴ*（14.5×7.5×厚さ1.3cm）…1枚
サワークリーム…10g
ウォッシュチーズ…15g
パンチェッタ…10g

*南フランスの小さな町「ロデヴ」発祥のパン。加水率が高く、中はしっとり、みずみずしい。大きな気泡も特徴。

［つくり方］
1 パン・ド・ロデヴに
  サワークリームをぬる。
2 ウォッシュチーズを切って①に
  のせ、パンチェッタを細切りにして
  ちらし、トースターで焼く。
  半分に切り分ける。

当店のスタンダード。キャベツ、ポテサラをちらっと。

最近の人気者。半分に切ってもよし、そのままかぶりついてもよし。

ドイツパンでホットドッグ

[材料と分量]
プレッツェル*
(4.5×3.5×長さ14cm)…1個
ウインナー（長さ14cm／茹でる）
…1本
ラクレットチーズ…15g
黒コショウ…少々
*ドイツパンの一種。外はカリッとこうばしい。

[つくり方]
1　プレッツェルに切り込みを入れ、
　　トースターで軽く焼く。
2　①に茹でたウインナーをはさみ、
　　ラクレットチーズを
　　スライスしてのせる。
3　チーズが軽く溶ける程度に
　　トースターで焼く。
　　黒コショウを挽きかける。

ホットドッグ

[材料と分量]
コッペパン（7.5×4.5×長さ14cm）
…1個
キャベツ（茹でる）…5g
ポテトサラダ（P.12）…15g
ケチャップ…3g
ガラムマサラ…少々
ウインナー（長さ14cm／茹でる）
…1本

[つくり方]
1　コッペパンに切り込みを入れ、
　　トースターで焼く。
2　①に茹でたキャベツと
　　ポテトサラダをはさみ、
　　ケチャップとガラムマサラをかける。
3　茹でたウインナーをはさみ、
　　半分に切り分ける。

ウインナーを小口に切って並べてアクセントに。コンテとキャラウェイシードの組合せは、もはやテッパン。

コンテとキャラウェイ

[材料と分量]
カンパーニュ（12×8×厚さ1.2cm）…1枚
ウインナー
（小口に切る）…40g
コンテチーズ…20g
キャラウェイシード…小さじ1

[つくり方]
1　カンパーニュに小口に切ったウインナーをのせる。
2　①にコンテチーズを切ってのせ、キャラウェイシードをまぶしてトースターで焼く。

カニクリームコロッケを半分に切って焼いただけなのに、ほ〜ら、グラタンオープンサンドだよ〜。

カニクリームグラタン

[材料と分量]
グラハム食パン*（角食／11×11×厚さ1.2cm）…1枚
カニクリームコロッケ（市販）…1個
ケチャップ…10g
シュレッドチーズ…20g
パセリ（ドライ）…少々
*グラハム粉を使った食パン。

[つくり方]
1　カニクリームコロッケを縦半分に切り分ける。
2　グラハム食パンにケチャップをぬり、①をのせる。
3　シュレッドチーズをのせ、トースターで焼く。パセリをふる。

パンを焼いてはさむ ＆
　のせて焼く

7
野菜を焼く、
魚をたたく etc.

かむと、おネギが
キュッと出てくるから、
鉄砲スタイルね。
神田の鍋屋さんで
教わりました。

ねぎ味噌

[材料と分量]
全粒粉食パン（山食／11×8×
厚さ1.4cm）…2枚
白ネギ…1本
ゴマ油（太白）…小さじ1
マスカルポーネチーズ…10g
田舎味噌…5g
マヨネーズ…5g
柚子コショウ…小さじ1/2

1　白ネギを全粒粉食パンにぴったり収まる
　サイズに切り分け、フライパンにゴマ油を
　ひいて弱火で10分ほど焼く。
2　マスカルポーネチーズに田舎味噌、
　マヨネーズ、柚子コショウを混ぜる。
3　全粒粉食パンをトーストし、
　それぞれに②をぬる。
4　焼いた白ネギを③ではさみ、
　縦半分に切り分ける。

トマトは万能。生でも炒めても、主役と脇役の間を上手にキープ。今回はお味噌でワンポイントを。

ねぎ焼きトマトサンド

［材料と分量］
食パン（山食／11×7.5×厚さ0.7cm）…2枚
青ネギとトマトの味噌炒め…以下より40g
├ 青ネギ…6本
├ ミニトマト…7個
├ ゴマ油（太白）…大さじ1
└ 田舎味噌…10g

［つくり方］
1 青ネギとトマトの味噌炒めをつくる。
　青ネギを食べやすい長さに切る。ミニトマトを半割りにする。
2 フライパンにゴマ油をひき、切った青ネギとトマトを炒める。
　全体に油がなじんだら、田舎味噌を加え混ぜる。
3 食パンをトーストする。
4 青ネギとトマトの味噌炒めを③ではさみ、半分に切り分ける。

「このままでもいけます」

ナポリタン仕上げなマカロニを、焼いたフォッカチャと。じつは白味噌を使っています。ベーコンは細かくきざんでね。

マカロニナポリタンパン

[材料と分量]

フォカッチャ（11×10×厚さ2cm）…1個
マカロニピザソース
…以下より30g
├ マカロニ…50g
├ ベーコン（ブロック）…10g
├ ゴマ油（太白）…小さじ2
├ ピザソース…大さじ2
└ 白味噌…10g
パセリ（ドライ）…少々

[つくり方]

1 マカロニピザソースをつくる。マカロニを茹でる。ベーコンを細かく切り、ゴマ油をひいたフライパンで焼く。
2 ベーコンがこんがりしてきたら、茹でたマカロニとピザソースを加え混ぜ、火からおろして冷ます。冷めたら白味噌を加え混ぜる。
3 フォカッチャを横から半分に切り分け、トーストする。
4 下側のパンにマカロニピザソースをのせ、パセリをふる。上側のパンを重ね、半分に切り分ける。

はんぺん辛子味噌

ちょっと変わった食感のサンドウィッチ。スイートチリソースではんぺんを可愛がっています。

[材料と分量]
食パン（角食／8.5×8.5×厚さ1.8cm）…2枚
ゴマ油（太白）…小さじ2
はんぺん…1枚
白味噌…5g
マスカルポーネチーズ…5g
スイートチリソース…小さじ1
和がらし…小さじ1

[つくり方]
1 食パンをトーストする。
2 フライパンにゴマ油をひいて火にかけ、はんぺんの両面をこんがりと焼く。
3 白味噌にマスカルポーネチーズとスイートチリソースを混ぜる。
4 ①の1枚に焼いたはんぺんをのせ、はんぺんに和がらしをぬる。
5 残りの①に③をぬり、④に重ねる。半分に切り分ける。

スモークサーモンなめろう

[材料と分量]
全粒粉食パン（角食／10.3×10.3×厚さ1.3cm）…2枚
スモークサーモンなめろう…以下より50g
├ スモークサーモン…60g
├ ミョウガ（きざむ）…1本
├ 大葉（きざむ）…2枚
├ 田舎味噌…15g
├ クリームチーズ…30g
└ 白ゴマ…小さじ1

[つくり方]
1 全粒粉食パンをトーストする。
2 スモークサーモンなめろうをつくる。スモークサーモンを包丁でたたき、きざんだミョウガと大葉を加え混ぜる。田舎味噌、クリームチーズ、白ゴマを加え混ぜる。
3 ②を①ではさみ、4等分に切り分ける。

手間がかかりそうでかからない、なめろうサンド。まな板でトントンたたいてね。たくさんつくっておつまみにもよし。

このままでもいけます！

鯵なめろうと三つ葉

鯵はお店で三枚におろしてもらいます。だって楽ちんだから。三つ葉がなければ、いろんな香草を試してください。

[材料と分量]
ライ麦食パン（角食／6.5×5.5×厚さ0.8cm）…3枚
鯵なめろう…以下より全量
├ 鯵…半身（約35g）
├ 田舎味噌…10g
└ 白ゴマ…3g
三つ葉…3切れ
バター…10g

[つくり方]
1 ライ麦食パンをトーストする。
2 鯵なめろうをつくる。鯵を包丁でたたき、田舎味噌と白ゴマを加え混ぜる。
3 ①にバターをぬり、鯵なめろうと三つ葉をのせる。

このままでもいけます！

パンを焼いてはさむ ＆
のせて焼く

8
仕込みが大切！
お肉のサンド

キーマサンド

[材料と分量]
食パン（山食／15×8.5×
厚さ1cm）…2枚
炒めキーマ…以下より80g
- 玉ネギ…中1個（約180g）
- 豚挽き肉（赤身100％）…300g
- 白ワイン…100cc
- ケチャップ…30g
- カレー粉…小さじ2
- 白味噌…80g
ピザソース…10g

[つくり方]
1 炒めキーマをつくる。
　玉ネギをフードプロセッサーにかけて細かくする。
　これを鍋に移し、豚挽き肉、白ワイン、ケチャップ、
　カレー粉を加えて炒める。
2 豚肉に充分に火がとおり、水分がなくなったら
　火からおろして冷ます。冷めたら白味噌を加え混ぜる。
3 食パンをトーストする。
4 ③にそれぞれピザソースをぬり、
　炒めキーマをはさむ。縦半分に切り分ける。

赤身100％の挽き肉を使ってください。今は沖縄産にはまっています。秘密ですが、炒めた挽き肉がバラバラにならないように白味噌でまとめています。

三枚肉サンド

[材料と分量]
食パン（角食／12×11×厚さ1.4cm）…2枚
皮つき三枚肉の煮込み
…以下より70g
├ 豚三枚肉（皮つき）…800g
├ 水…700cc
├ 日本酒…70cc
├ 醤油…70cc
├ みりん…70cc
├ 麺つゆ（3倍濃縮）…20g
└ 五香粉…小さじ1
和がらし…小さじ1
マヨネーズ…5g
黒コショウ…少々
柚子ジャム…10g

[つくり方]
1 皮つき三枚肉の煮込みをつくる。豚三枚肉を大きく切り分けて鍋に入れ、そのほかの材料をすべて加えて火にかける。沸いたら弱火にして90分煮る。火からおろして冷ます。
2 食パンをトーストする。
3 ①の皮つき三枚肉を汁けをきって厚めに切り分け、トースターで焼く。
4 ②の1枚に和がらしをぬり、③をのせる。マヨネーズを絞り、黒コショウを挽きかける。
5 残りの②に柚子ジャムをぬり、④に重ねる。8等分に切り分ける。

沖縄で皮つき三枚肉を買ってきて、コトコト煮込んでみました。最近はスーパーでも皮つき三枚肉を見かける機会が増えました。もし見つけたら、レッツ・トライ！

焼いていないけど焼肉サンド。
沖縄産のお肉を麺つゆで煮ています。
仕上げに焼肉のたれを使います。
ポテサラとの相性は間違いなし。

沖縄豚の焼肉サンド

[材料と分量]
食パン（角食／12×11×厚さ1.4cm）…2枚
茹で豚…以下より70g
├ 豚バラ肉（スライス）…100g
├ 麺つゆ（3倍濃縮）…30g
└ 水…400cc
焼肉のたれ…小さじ1
ポテトサラダ（P.12）…40g
マヨネーズ…5g
黒コショウ…少々

[つくり方]
1　茹で豚をつくる。
　　フライパンに豚バラ肉、麺つゆ、水を入れて火にかけ、肉がやわらかくなるまで約40分煮る。火からおろして冷ます。
2　茹で豚を取り出して汁けをきり、焼肉のたれをからめる。
3　食パンをトーストする。
4　③の1枚にポテトサラダと②を順にをのせる。
5　残りの③にマヨネーズを絞り、④に重ねる。8等分に切り分け、黒コショウを挽きかける。

豚バラししとうゴマ炒め

辛そうに見えて、じつはちょいと甘口なオープンサンド。もし見かけたら買ってみてね、甜麺醤。

[材料と分量]
全粒粉食パン（山食／10×8×厚さ1.2cm）…2枚
豚バラとシシトウのゴマ炒め…以下より20g
- 豚バラ肉…100g
- シシトウ…1パック
- ゴマ油（太香）…大さじ1
- 甜麺醤…大さじ1

[つくり方]
1　豚バラとシシトウのゴマ炒めをつくる。豚バラ肉を食べやすい大きさに切り分け、シシトウに爪楊枝で穴を数ヵ所あける。
2　フライパンにゴマ油をひいて火にかけ、切った豚バラ肉と穴をあけたシシトウを炒める。全体に火がとおったら、甜麺醤を加え混ぜる。
3　全粒粉食パンをトーストし、縦半分に切り分ける。
4　③に豚バラとシシトウのゴマ炒めをのせる。

チキンクリームシチュー

[材料と分量]

パン・オ・ルヴァン*(10.5×6.5×厚さ1.5cm)…2枚
鶏の柚子コショウ炒め
　…以下より40g
　┌ ゴマ油(太白)…大さじ1
　├ 鶏肉(小間切れ)…300g
　├ 柚子コショウ…5g
　└ 黒コショウ…少々
ホワイトソース(市販)…10g
黒コショウ…少々

*ルヴァン種を使った、味わい深い、フランスの伝統的なパン。

[つくり方]

1　鶏の柚子コショウ炒めをつくる。フライパンにゴマ油をひき、鶏肉を炒める。鶏肉に充分に火がとおったら、柚子コショウ、黒コショウを加え混ぜる。
2　パン・オ・ルヴァンにホワイトソースをぬり、鶏の柚子コショウ炒めをのせる。
3　トースターで焼き、黒コショウを挽きかける。

このままでもいけます！

ホワイトソースは市販のものだけど、ゴージャス感は確実にアップ。柚子コショウの入れすぎにご注意を。

鶏ササミと梅肉を和えただけ。オープンサンドらしい華が欲しくてアスパラとパルミジャーノものせました。

鶏ささみと梅肉

[材料と分量]
食パン（角食／10.5×10×厚さ1.3cm）…1枚
鶏ササミの梅肉和え…以下より20g
├ 鶏ササミ肉…300g
├ 白ワイン…50g
└ 梅干し（種を取ってたたく）…4個
マヨネーズ…10g
茹でたアスパラガス（長さ3cmに切る）…2本
パルミジャーノ・レッジャーノ…2g

[つくり方]
1　鶏ササミの梅肉和えをつくる。
　　鍋に水（分量外）をはって火にかけ、
　　沸いたら鶏ササミ肉と白ワインを加えて3〜4分茹でる。
　　火からおろして冷ます。冷めたら鶏肉をほぐし、
　　たたいた梅干しを加え混ぜる。
2　食パンにマヨネーズをぬり、鶏ササミの梅肉和えと
　　切った茹でたアスパラガスをのせる。
3　トースターで焼き、パルミジャーノ・レッジャーノを
　　薄く削ってのせる。

このままでもいけます！

パンを焼かずに はさむ

トーストしない番外編。
おやつや食事にもどうぞ!

> パンを焼かずにはさむ
>
> 1
>
> シンプルつまみ、
> 基本の「き」

干し杏と生ハムとクリームチーズ

［材料と分量］

パン・オ・ルヴァン*（11×9×厚さ0.5cm）…2枚
A…以下より40g
├ アプリコット（ドライ）…20g
├ 生ハム…20g
└ マスカルポーネチーズ…40g

＊ルヴァン種を使った、味わい深い、フランスの伝統的なパン。

［つくり方］

1 アプリコットと生ハムをきざみ、マスカルポーネチーズを加え混ぜる。
2 ①をパン・オ・ルヴァンではさみ、半分に切り分ける。

このままでもいけます！

生ハムがなかったらサラミでやってみてもよいよ。そのときはコショウを多めに練り込んでみてね。

プロセスチーズと塩ウニとマヨネーズ

［材料と分量］
チャバタ*
(7.5×4×厚さ0.5cm)…8枚
塩ウニ…5g　マヨネーズ…5g
プロセスチーズ…40g
黒コショウ…少々
＊「スリッパ」の意味をもつ、イタリア発祥の平べったいパン。

［つくり方］
1　塩ウニとマヨネーズを混ぜる。
2　プロセスチーズをスライスして①をぬり、クッキングシートにのせてトースターで焼く。
3　チャバタ4枚に②をのせ、黒コショウを挽きかけて残りのパンを重ねる。

アンチョビバター

［材料と分量］
カンパーニュ
(8.5×3.5×厚さ0.7cm)…6枚
アンチョビバター
…以下より20g
├ アンチョビ…10g
└ バター…100g

［つくり方］
1　アンチョビバターをつくる。アンチョビをほぐし、バターを加え混ぜる。
2　アンチョビバターをカンパーニュではさむ。

焼いたプロセスチーズをはさむところに意味があります。

シンプルなほど、つまみ力が上がるのは内緒。

パンを焼かずにはさむ

2
便利な
マッシュポテト

マッシュポテトと
塩昆布

[材料と分量]
パン・オ・ルヴァン*
（9.5×5×厚さ0.6cm）…4枚
マッシュポテト②（P.13）…60g
塩昆布（シート状）…5g
黒コショウ…少々
バター…5g
*ルヴァン種を使った、味わい深い、フランスの伝統的なパン。

[つくり方]
1　パン・オ・ルヴァン2枚に
　　マッシュポテトと塩昆布を順にのせる。
　　黒コショウを挽きかける。
2　残りのパンにバターをぬり、
　　①に重ねる。半分に切り分ける。

パンの大きな気泡も、小窓感覚で使ってみましょう。中身が見えてもいいじゃない。

マッシュポテトにピザソースを練り込んでオレンジ色のフィリングに。この色合いくらいがちょうどいいんです。

ポテサラピザソース

[材料と分量]
フォカッチャ（11×8×厚さ3.5cm）…1個
マッシュポテト②（P.13）…80g
ピザソース…5g
パセリ（生／きざむ）…適量

[つくり方]
1　マッシュポテトにピザソースときざんだパセリを混ぜる。
2　フォカッチャを横から半分に切り、①をはさむ。
　　4等分に切り分ける。

このままでもいけます！

パンを焼かずにはさむ

3 使えます！和の素材

白味噌もバター感覚であれこれぬってみましょう。

焼かないパンとバナナの食感が好きです。

アボカドと白味噌

[材料と分量]
食パン
（山食／11×6.5×厚さ0.7cm）…4枚
アボカド…1/2個
サワークリーム…10g
白味噌…10g
黒コショウ…少々

[つくり方]
1 アボカドの皮をむいて種を取り、スライスする。
2 食パン2枚にサワークリームをぬり、切ったアボカドを並べる。
3 残りのパンに白味噌をぬり、黒コショウを挽きかける。
4 具材をのせた面どうしを向かい合わせにして重ね、半分に切り分ける。

バナナとクルミと白味噌

[材料と分量]
チャバタ*（7.5×4×厚さ0.5cm）…6枚
バナナフィリング…以下より全量
├ バナナ…1/2本
├ クルミ…5g
├ クランベリー（ドライ）…5g
├ 白味噌…10g
└ サワークリーム…10g

＊「スリッパ」の意味をもつ、イタリア発祥の平べったいパン。

[つくり方]
1 バナナフィリングをつくる。バナナの皮をむいて輪切りにし、つぶす。クルミ、クランベリー、白味噌、サワークリームを加え混ぜる。
2 ①をチャバタではさむ。

大人のサンドウィッチですよ。お試しあれ。

ピーマンと塩昆布は混ぜたら少し時間をおいてなじませて。

シェーブルチーズとおかか醤油

[材料と分量]
イチジクとクルミとゴマの
全粒粉パン（10×10×厚さ0.7cm）
…4枚
シェーブルチーズ…10g
カツオ節…少々
醤油…少々

[つくり方]
1 イチジクとクルミとゴマの
　全粒粉パン2枚にシェーブル
　チーズをぬり、カツオ節を
　のせて醤油をかける。
2 ①に残りのパンをのせる。
　できた2組のサンドウィッチを
　重ね、半分に切り分ける。

ピーマン塩漬けとバター

[材料と分量]
全粒粉パン（11×7×厚さ0.5cm）
…4枚
ピーマンの塩漬け…以下より30g
├ ピーマン…6個
└ 塩昆布（細切り）…15g
バター…10g

[つくり方]
1 ピーマンの塩漬けをつくる。
　ピーマンを細切りにし、
　塩昆布と混ぜてしばらくおく。
2 全粒粉パンに
　それぞれバターをぬる。
3 ②の2枚にピーマンの塩漬けを
　のせ、残りの②を重ねる。
　できた2組のサンドウィッチを
　重ね、半分に切り分ける。

マスカルポーネもフィリングをつくるときにおおいに役立ちます。酸味の強い梅干しも、ほら、このとおり。

カリカリしらすと梅肉

[材料と分量]
クルミのバゲット
(7.8×4.5×厚さ0.8cm)…6枚
カリカリしらすと梅肉…以下より25g
- ちりめんじゃこ…15g
- 梅干し（種を取ってきざむ）…2個
- 大葉（きざむ）…1枚
- マスカルポーネチーズ…35g
- 白ゴマ…小さじ1

[つくり方]
1 カリカリしらすと梅肉をつくる。ちりめんじゃこ、きざんだ梅干しと大葉、マスカルポーネチーズ、白ゴマを混ぜる。
2 クルミのバゲット3枚にカリカリしらすと梅肉をのせ、残りのパンを重ねる。

このままでもいけます！

酒盗は先にチリチリと炒めましょう。こうばしさが出てきたら、すかさず溶き卵を入れましょう。

酒盗玉子焼き

[材料と分量]
食パン(角食／11×10×厚さ1.6cm)…2枚
酒盗玉子焼き…以下より全量
- 酒盗…10g
- 日本酒…大さじ1
- ゴマ油(太白)…大さじ1
- 卵…2個

[つくり方]
1 酒盗玉子焼きをつくる。酒盗を日本酒で洗う。フライパンにゴマ油をひいて火にかけ、洗った酒盗を炒める。
2 酒盗の香りが立ってきたら、卵を溶きほぐして流し入れる。まわりが固まってきたら混ぜ、形をととのえながらふんわりと焼き上げる。火からおろして冷ます。
3 食パンで酒盗玉子焼きをはさみ、3等分に切り分ける。

> パンを焼かずにはさむ
>
> 4
> 缶詰を
> 活用しよう!

サラダにも使えるお豆の缶詰をたくあんとともに炒めました。塩加減はたくあんの量で調節してみてね。

ミックスビーンズと
たくあん炒め

[材料と分量]
バゲット(6×3.5×長さ8cm)…1個
ミックスビーンズたくあん炒め…以下より20g
├ ゴマ油(太白)…大さじ1
├ ミックスビーンズ(缶詰)…80g
├ たくあん(きざむ)…30g
└ 黒コショウ…少々
マスカルポーネチーズ…10g

[つくり方]
1 ミックスビーンズたくあん炒めをつくる。フライパンにゴマ油をひいて火にかけ、ミックスビーンズときざんだたくあんをさっと炒めて黒コショウを挽きかける。
2 バゲットに切り込みを入れ、切り口にマスカルポーネチーズをぬる。
3 ②にミックスビーンズたくあん炒めをはさむ。

スパムと玉子と海苔

[材料と分量]
クルミのパン（5.5×4.5×長さ8cm）…1個
スパム玉子…以下より50g
- スパム（缶詰）…30g
- 茹で玉子…1個
- マヨネーズ…20g
海苔の佃煮…8g

[つくり方]
1 スパム玉子をつくる。スパムをさいの目に切り、茹で玉子を粗くきざむ。切ったスパムと玉子、マヨネーズを混ぜる。
2 クルミのパンに切り込みを入れ、切り口に海苔の佃煮をぬる。
3 ②にスパム玉子をはさみ、半分に切り分ける。

スパムと海苔の佃煮の相性のよさに、最近、虜になっています。茹で玉子でやさしい味わいをプラスしました。

コンビーフは万能フィリングの代表選手。洋風に使われがちだけど、今回は麺つゆで和風スタイルに。

コンビーフの佃煮

[材料と分量]

食パン（角食／8.5×8.5×0.8cm）…4枚
コンビーフの佃煮…以下より全量
- コンビーフ（缶詰）…100g
- 麺つゆ（3倍濃縮）…10g
- 水…50cc

黒コショウ…少々

[つくり方]

1　コンビーフの佃煮をつくる。
　　鍋にコンビーフ、麺つゆ、水を入れて火にかけ、
　　コンビーフをほぐしながら汁けがなくなるまで煮る。
　　火からおろして冷ます。
2　食パン2枚にコンビーフの佃煮をのせ、黒コショウを挽きかける。
3　②に残りのパンをのせる。
　　できた2組のサンドウィッチを重ね、半分に切り分ける。

今回は赤ピーマンで。もちろんトマトもよく合います。ポイントは水分量です。足しすぎず引きすぎず。

牛大和煮とパクチーと赤ピーマン

[材料と分量]

バゲット
（5×3×長さ18cm）…1本
大和煮赤ピーマン炒め
…以下より全量
├ 牛大和煮（缶詰）…160g
└ 赤ピーマン（きざむ）…1個
パクチー…適量

[つくり方]
1　牛大和煮赤ピーマン炒めをつくる。フライパンを火にかけ、牛大和煮を汁けをきって入れる。赤ピーマンを加えてさっと炒め合わせる。
2　バゲットに切り込みを入れる。
3　②に牛大和煮赤ピーマン炒めとパクチーをはさむ。

パンを焼かずにはさむ

5
漬けもので
サンドウィッチ

汁けをきらない白菜漬けで少しウエットなサンドウィッチに。チーズが追いかけてくる味わいを生ハムの塩けがどっしり受け止めます。

白菜漬けと生ハムとごま油太香

[材料と分量]

チーズのパン(9.5×5×厚さ0.5cm)…8枚
生ハム…20g
白菜の漬けもの(浅漬け)…30g
ゴマ油(太香)…小さじ1

[つくり方]

1 チーズのパン4枚に生ハムをのせ、白菜の漬けものを汁けをきらずに重ねる。
2 ①にゴマ油をかけ、残りのパンをのせる。

ナスのお漬けものをはさんでみました。プロセスチーズ＆マヨネーズの魔法のフィリングも大活躍。

茄子浅漬けとチーズ

［材料と分量］
レーズンのパン
（直径8.3×高さ5cm）…1個
ナスの漬けもの（浅漬け）…25g
プロセスチーズ…8g
マヨネーズ…5g
黒コショウ…少々
和がらし…5g

［つくり方］
1　ナスの漬けものを粗くきざみ、
　　プロセスチーズを食べやすい大きさに切る。
2　レーズンのパンを横から半分に切り分け、
　　下側のパンに切ったナスの漬けものと
　　プロセスチーズを順にのせ、
　　マヨネーズを絞って黒コショウを挽きかける。
3　上側のパンに和がらしをぬり、②にのせる。

パンを焼かずにはさむ

6
市販のそうざいで
アレンジ

きんぴら目玉焼き

[材料と分量]
マフィン（直径8.5×厚さ3.5cm）…1個
きんぴら目玉焼き…以下より全量
├ ゴマ油（太白）…小さじ2
├ 卵…1個
├ きんぴらゴボウ（市販）…20g
└ コンテチーズ…5g

[つくり方]
1 きんぴら目玉焼きをつくる。
 フライパンにゴマ油をひいて火にかけ、
 温まってきたら卵を割り入れ、弱火にして焼く。
2 白身が固まりはじめたら、白身にきんぴらゴボウをのせ、
 コンテチーズをきざんでちらす。
 そのまま弱火で7分焼く。
3 マフィンを横から半分に切り分け、
 きんぴら目玉焼きをはさむ。

もはや基本中の基本。
道具で仕上がりの出口が変わるのは、
できれば16cmくらいのフライパンで。

白花豆とブルーチーズ

市販ですが白花豆の煮ものの甘みを使ってみました。なめらかさが出るくらいつぶしてみましょう。

[材料と分量]
ゴマとクルミのパン（9×6.5×厚さ1.2cm）…4枚
バター…10g
ブルーチーズ…16g
白花豆の煮もの（市販）…40g

[つくり方]
1　ゴマとクルミのパン2枚にバターをぬり、ブルーチーズをスライスしてのせる。
2　白花豆の煮ものをつぶして①にのせ、残りのパンを重ねる。半分に切り分ける。

高菜油炒めと明太子

[材料と分量]
カンパーニュ（10×6×厚さ0.7cm）…4枚
サワークリーム…15g
高菜の油炒め（市販）…10g
明太子…10g

[つくり方]
1　カンパーニュにそれぞれ
　　サワークリームをぬる。
2　①の1枚に高菜の油炒めをのせ、
　　もう1枚に明太子をほぐしてぬる。
3　②に残りの①をのせる。
　　できた2組のサンドウィッチを重ね、
　　半分に切り分ける。

ベースはサワークリームと2種類の具材。ここでは高菜の油炒めと明太子。好きな具材に入れ替えてアレンジしてみてください。味の濃いパンのほうが相性がいいかも。

スグキはバラバラにならないようにマヨネーズでキープ。ぐっと押しつけてつぶしながらほお張ってください。

菜の花フリットとすぐき

[材料と分量]
チャバタ*（10×7.5×厚さ4cm）…1個
スグキの漬けもの（市販）…20g
マヨネーズ…10g
ゴマ油（太白）…小さじ2
菜の花のフリット（市販）…30g
＊「スリッパ」の意味をもつ、イタリア発祥の平べったいパン。

[つくり方]
1　チャバタを横から半分に切り分ける。
2　スグキの漬けものをきざみ、マヨネーズと混ぜる。
3　下側のパンにゴマ油をぬり、菜の花のフリットと②を順にのせる。上側のパンを重ね、半分に切り分ける。

コロッケピザソース

コロッケは温める？ いいえ、おそうざい屋さんで買ってきたものにそのままソースをぬって小腹を満たしましょう。

[材料と分量]
マフィン（直径8.5×厚さ3.5cm）…1個
バター…10g
コロッケ（市販）…1個
ピザソース…10g

[つくり方]
1 マフィンを横から半分に切り分け、断面にそれぞれバターをぬる。
2 下側のパンにコロッケをのせ、コロッケにピザソースをぬる。上側のパンを重ね、半分に切り分ける。

ヤリイカフリット刻み柴漬け

［材料と分量］
クルミのパン
（6×5×長さ13cm）…1個
ヤリイカフリットのしば漬け和え
…以下より50g
├ ヤリイカのフリット（市販）…130g
└ しば漬け（きざむ）…30g

［つくり方］
1 ヤリイカフリットのしば漬け和えをつくる。
　ヤリイカのフリットと
　きざんだしば漬けを和える。
2 クルミのパンに切り込みを入れ、
　ヤリイカフリットのしば漬け和えをはさむ。

きざんだしば漬けが
ヤリイカのドレッシングです。
たらりとゴマ油（太香）を
かけるのもありですよ。

はさんだら少し時間をおいて、しんなりしてきたら、食べごろです。なます多めが好きです。

小鯵の南蛮漬けのバケットサンド

[材料と分量]
バゲット(6×4×長さ20cm)…1本
なます(市販)…60g
小鯵の南蛮漬け(市販)…2尾
ゴマ油(太香)…大さじ1
パセリ(生)…少々

[つくり方]
1 バゲットに切り込みを入れる。
2 なますと小鯵の南蛮漬けの汁をきり、①に順にはさむ。
3 ゴマ油をかけてパセリをのせ、半分に切り分ける。

ゆで玉子と
市販チャーシュー

［材料と分量］

食パン（山食／11×7.5×
厚さ1cm）…4枚
茹で玉子…1個
マヨネーズ…20g
チャーシュー（市販）…50g
パセリ（生）…少々
バター…10g
黒コショウ…少々

［つくり方］

1 茹で玉子を粗くきざみ、
  マヨネーズと混ぜる。
2 チャーシューを粗くきざみ、
  パセリを細かくきざむ。
  ①に切ったチャーシューと
  パセリを加え混ぜる。
3 食パンにそれぞれバターをぬる。
4 ③の2枚に②をのせ、
  黒コショウを挽きかけて
  残りの③を重ねる。
  できた2組のサンドウィッチを
  重ね、半分に切り分ける。

チャーシューは市販品でOKですが、秘伝のレシピも御開帳。といっても煮込むだけ。お好きな厚さに遠慮なく切ってください。茹で玉子も粗く切ってね。

オープンサンドでもおいしい♪

**チャーシューを
自家製してみよう！**

［材料とつくり方］

鍋に豚肩ロース肉（ブロック）
500g、日本酒、醤油、みりん
各200cc、水1000ccを入れ、
弱火で40分煮る。火を止め、そ
のまましばらくおいて冷ます。

間口一就（まぐち・かずなり）

銀座「ロックフィッシュ」店主。愛媛生まれ。乙女座のO型。
大学時代から、大阪のバーで働き、北浜（大阪）で「ロックフィッシュ」を
立ち上げる。2002年、バーの聖地・銀座（東京）に進出。
看板商品のハイボールが話題を呼び、一大ハイボールブームを牽引。
アイデアフルなつまみメニューでも注目を集める。新聞雑誌などのメディアのほか、
近年は"出張ハイボール"と称して国内外のイベントでも活躍。
おもな著書に『バーの主人がこっそり教える味なつまみ』
『バーの主人がこっそり教える甘いつまみ』（ともに柴田書店）、
『銀座・ロックフィッシュのストウブつまみ』（世界文化社）、
『バーの主人が本当に作っている 大人のつまみ弁当』（扶桑社）などがある。

ROCK FISH（ロックフィッシュ）
東京都中央区銀座7-3-13 ニューギンザビル一号館 7F ☎03-5537-6900
※本書に登場する店舗写真は、2018年5月17日にクローズした旧店舗のものです。
2002年のオープンから16年の時をきざんだ旧店舗ですが、
新天地（ふたたび銀座です）でもロックフィッシュ伝説は続きます。

撮影協力／増谷考俊（ロックフィッシュ）

2018年7月21日、移転オープンしました！

バーの主人がこっそり教える
おつまみサンド

初版印刷　2018年8月5日
初版発行　2018年8月20日

著者ⓒ　間口一就
発行者　丸山兼一
発行所　株式会社柴田書店
　　　　〒113-8477
　　　　東京都文京区湯島3-26-9 イヤサカビル
電話　　営業部03-5816-8282（注文・問合せ）
　　　　書籍編集部03-5816-8260
　　　　http://www.shibatashoten.co.jp/

印刷・製本　図書印刷株式会社

本書収録内容の無断掲載・複写（コピー）・
データ配信等の行為はかたく禁じます。
乱丁・落丁本はお取替えいたします。
ISBN 978-4-388-06293-5

Printed in Japan
ⓒKazunari Maguchi 2018